작가일
소중한 사람들
아자아자

B의 일기
3

B의 일기 3

초판 1쇄 인쇄 2021년 6월 20일
초판 1쇄 발행 2021년 6월 25일

글·그림 | 작가1
펴낸이 | 金湞珉
펴낸곳 | 북로그컴퍼니
주소 | 서울시 마포구 월드컵북로1길 60(서교동), 5층
전화 | 02-738-0214
팩스 | 02-738-1030
등록 | 제2010-000174호

ISBN 979-11-90224-91-8 07810

Copyright ⓒ 작가1, 2021

· 원고투고: blc2009@hanmail.net

· 블로그: blog.naver.com/blc2009
· 인스타그램: @booklogcompany
· 페이스북: facebook.com/blc2009
· 유튜브: 북로그컴퍼니

· 잘못된 책은 구입하신 곳에서 바꿔드립니다.
· 이 책은 북로그컴퍼니가 저작권자와의 계약에 따라 발행한 책입니다. 저작권법에 의해 보호받는 저작물이므로, 출판사와 저자의 허락 없이는 어떠한 형태로도 이 책의 내용을 이용할 수 없습니다.

B의 일기

3

작가1 지음

북로그컴퍼니

작가의 말

안녕하세요! 작가1입니다.

길고 길었던 2020년을 지나 2021년도에 드디어
〈B의 일기〉를 정식 출간하게 되었네요. (짝짝!!)
딜리헙 사이트에 연재를 하고 또 많은 반응과 댓글을 받아보면서
여러 가지 감정이 교차했던 게 기억나요.
웹툰을 그릴 때는 힘들어했다가도
독자들의 그런 호응을 보면 바로 피로가 싹 가시고
다시 펜을 잡을 힘이 생겼었죠.

연재될 때 올렸던 후기를 빌려 다시 말씀드리자면,
세상은 언제나 움직일 때 삐걱거립니다.
그러니 나로 인해 주변이 요동친다 해도 걱정하지 마세요.
이런 사회에서 각자 행복할 길을 찾아가는,
주체적으로 나아가는 우리는 그 존재만으로도 완벽하니까요.

걱정과 우려가 많았던 〈B의 일기〉였는데,
끝까지 응원해주시고 공감해주신 독자님들 덕분에
순조로운 완주가 가능했습니다.
함께 달려주신 모든 분들과
도와준 지인분들에게 진심으로 감사드립니다.

늘 따뜻한 나날 보내세요!

2021년 6월, 작가1

등장인물 소개

도수리 (24세)

다정한 남자친구와 함께 화목한 가정을 만드는 게 꿈인 24살 사회 초년생. 폭력적인 아버지와 침묵하는 어머니가 지긋지긋하다. 이제 이런 가족을 떠나 남자친구와 결혼해 행복한 가정을 꾸리면 모든 게 완벽한데, 독서모임에서 만난 정도도라는 사람이 거슬린다. 왜 말을 그렇게 해? 절대 친해지지 말아야지.

정도도 (34세)

수리가 독서모임에서 처음 만난 이상한 사람. 오늘만 살 것 같은 행동에 심드렁한 표정. 마음에 안 든다고 남의 차를 긁어놓고 도망가는 오만한 태도. 그런데 수리의 남자친구와 그 가족에 관한 얘기만 나오면 자리를 피한다. 수상한데, 뭔가 숨기고 있나?

정도운 (33세)

수리가 6개월 교제한 남자친구. 오래전에 가족과 연 끊은 누나를 싫어하면서 동시에 두려워해, 그 이름이 언급되는 것조차 거부한다. 그래도 여자친구인 수리에게는 다정하고 나름 친절하다. 이 정도면 남편감으로 괜찮지.

정도운의 부모
연을 끊고 집을 나가버린 장녀의 이름조차 거론하기 싫어하는 인물들. 하나밖에 없는 아들이 세상의 전부다. 수리가 좋은 며느릿감인지 끊임없이 시험한다.

유은
정도도의 대학 친구. "나는 시집 잘 가려고 여대 왔는데."라고 말하던 친구였으나 정반대 성향인 정도도와 뜻을 함께해 서로 우정을 나눈다. 그러나….

수연
독서모임에서 만난 쾌활한 사람. 정도도와 도수리에게 호의적이며 친절하다. 독서모임에서 만난 남자가 말을 걸기 전까지는.

하과장
도수리의 직장 상사. 남초 회사에서 굴림당하고 까이는 나날이 피곤하다. 끌어줄 만한 여자 후임 어디 없으려나?

차 례

작가의 말 ……………… 4
등장인물 소개 …………… 6

29화 ……………… 10
30화 ……………… 26
31화 ……………… 38
32화 ……………… 53
33화 ……………… 70
34화 ……………… 85
35화 ……………… 100
36화 ……………… 112
37화 ……………… 128
38화 ……………… 144
39화 ……………… 163

40화 ·················· 180
41화 ·················· 196
42화 ·················· 208
43화 ·················· 227

외전
너 변했구나 ················ 252
아주 짧은 근황 ··········· 270

에필로그 ·················· 279

아무것도 몰라도
잘 살아갈 수
있다는 건,

정말 좋은 거야.

네가
사회적 강자이거나,

현실 도피에
성공했거나,

둘 중 하나라는 거니까.

뭐든,
축하받을 일이지.

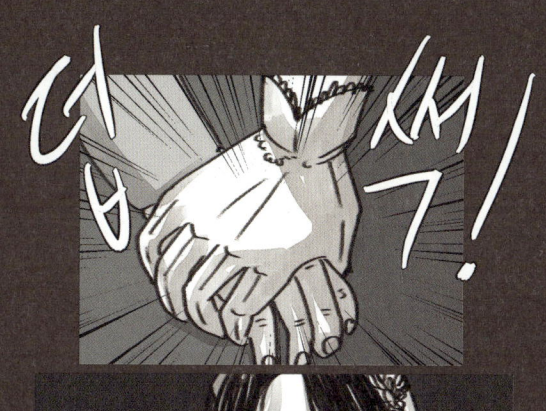

남자 옆에 여자 한 명.

그것만이 가장 이상적인 형태라며 짝짓는 사회.

혼자 살면 불행하고,

하자 있는….

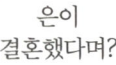

간신히 두 발로 선 나를,

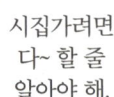

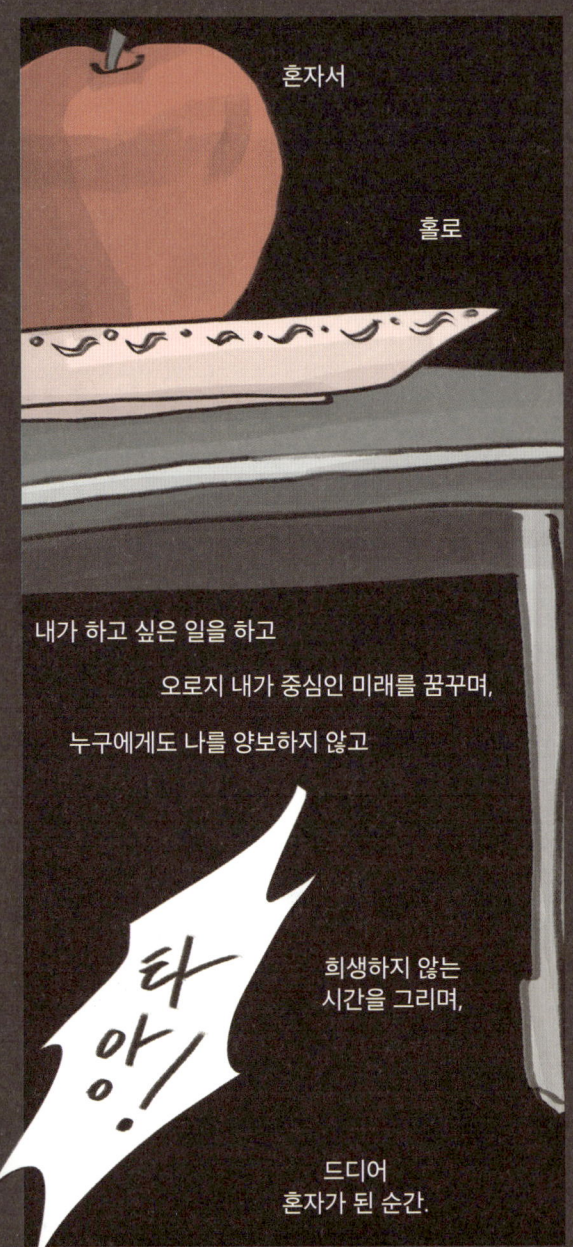

내가 느낀 건

기이하고 평온한,

평생을 찾아다녔던
충족감이었다.

모두가 결혼을 해야
얻을 수 있다는
안정적이고
반가운 감각은

아이러니하게도

내가 평생 '나'로서
홀로 살 것을
결심했을 때 찾아왔다.

그래… 너무 걱정된다. 네가 고생이야.

… 말이라도 고마워.

생각 있으면 꼭 말해. 사람 일은 모르니까.

몸도 불편할 텐데, 요즘 뭐 해? 육아휴직 냈잖아.

휴직? 휴직은 무슨… 나 결국 회사 그만뒀어. 눈칫밥 먹느니 그게 나아….

… 헐?

다 그래… 앞으로 어쩌나 걱정도 되고.

… 좋은 기회 또 올 거야.

고마워. 그래도 결혼하니까 좋더라….

애 가지니까 행복이 뭔지 알겠는 거 있지?

… 좋겠네. 네가 행복한 게 제일이지.

그게 너의 낭만이라면 그렇게 살아.

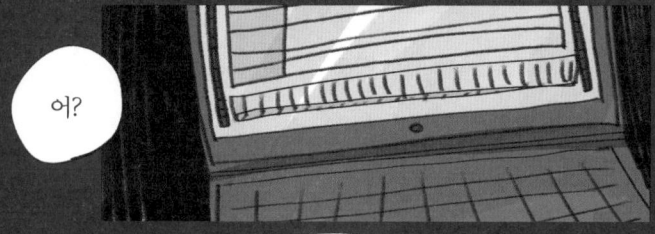

은아, 무슨 일 있어? 왜 갑자기…

도도씨! 전문가는 찾았어요?

아, 아직…

그래요? 최대한 빨리 찾아주세요~

뭐, 남편? 남편 허락을 왜 받아?

너는… 남편 말이 법이야?

네 의사는 없어?

너는… 결혼을 안 해봐서 그래.

네가… 네가…

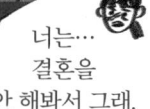

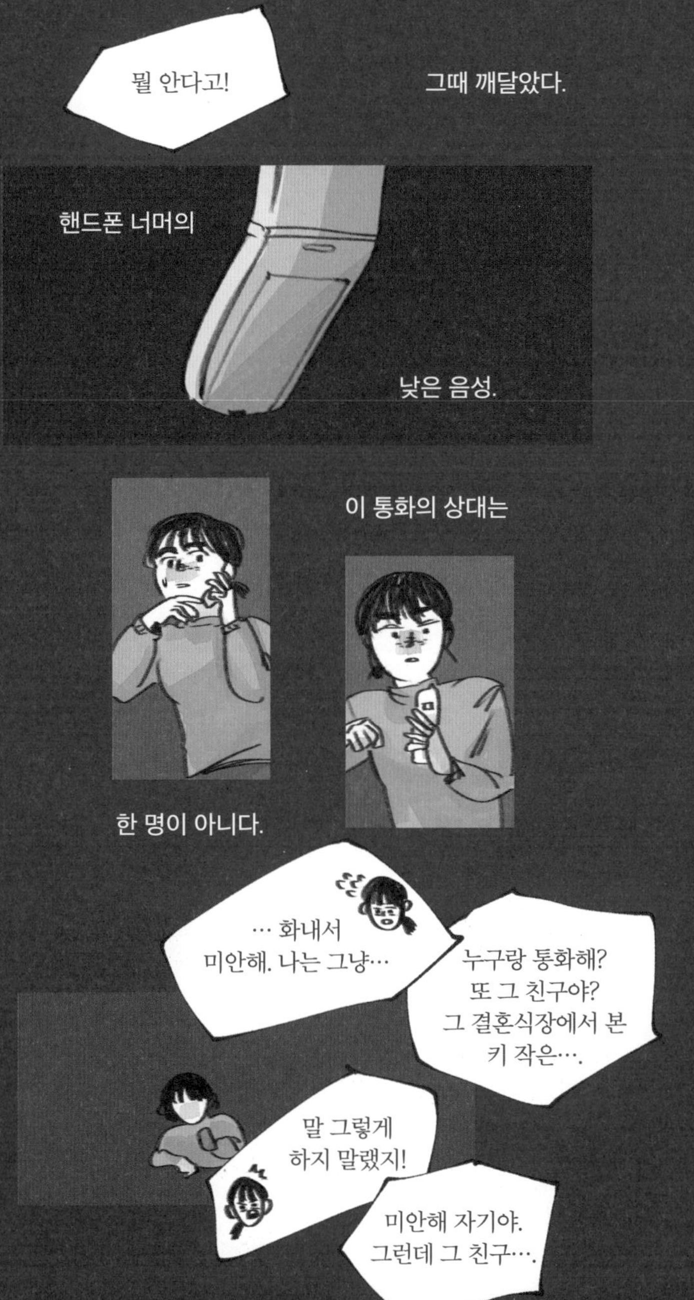

뭘 안다고!

그때 깨달았다.

핸드폰 너머의

낮은 음성.

이 통화의 상대는

한 명이 아니다.

… 화내서 미안해. 나는 그냥…

누구랑 통화해? 또 그 친구야? 그 결혼식장에서 본 키 작은….

말 그렇게 하지 말랬지!

미안해 자기야. 그런데 그 친구….

모두가 결혼을 긍정하는 사회.

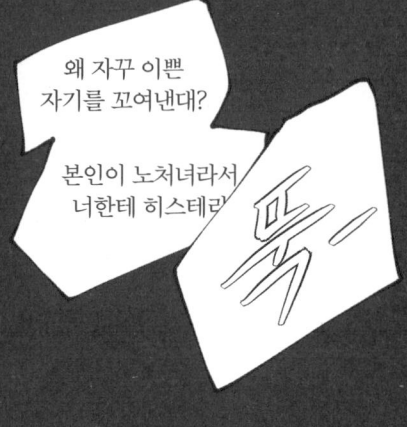

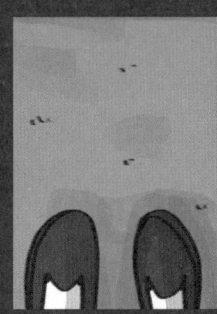

내가 모욕당하고

열정도 있고 똑똑했던 네가

그저 예쁜 소유물로 인식되어

남자의 손아귀에 잡혀도,

결혼이란 이름으로
모든 것이 미화되는
기묘한 세계.

그 안에서 나는,

"뒤돌아보지 마. 네 말대로, 쟤가 뭘 안다고. 그치?"

너를 질투하는 나쁜 친구가 되었다.

"또또, 그런 말 한다." "아니거든!"

그렇게 나는 너를 잃었

"너는 갈 길 가."

아무것도 없는 어두운 밤에,

"하지만 나는,"

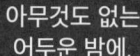

모두가 낭떠러지라고 외치는 불안의 연속 속에서,

기어코 길을 찾아 밝히는 누군가가 될 거야.

희미한 빛을 보고도

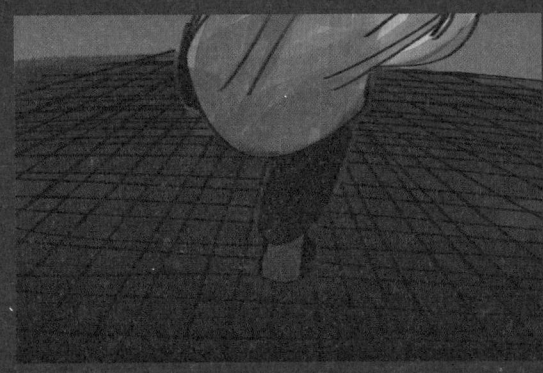

등대를 찾아 뛰어드는
파도 속의 조난자처럼,

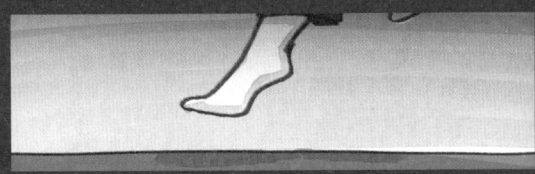

이곳에 뛰어들
다른 이를 기대하며,

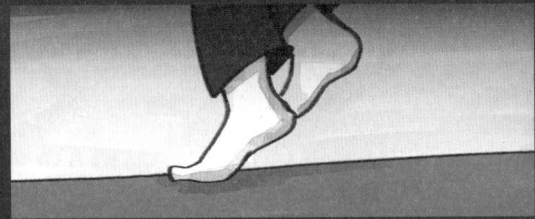

괜찮아 은아.

뒤돌아 보지 마.

어차피 못 뛰어내릴 거라면.

나는 개척지를 비추는 최초의 불꽃.

그러나 시간이 흘러

하나둘 개척지에 발을 내딛는 겁 없는 자들이,

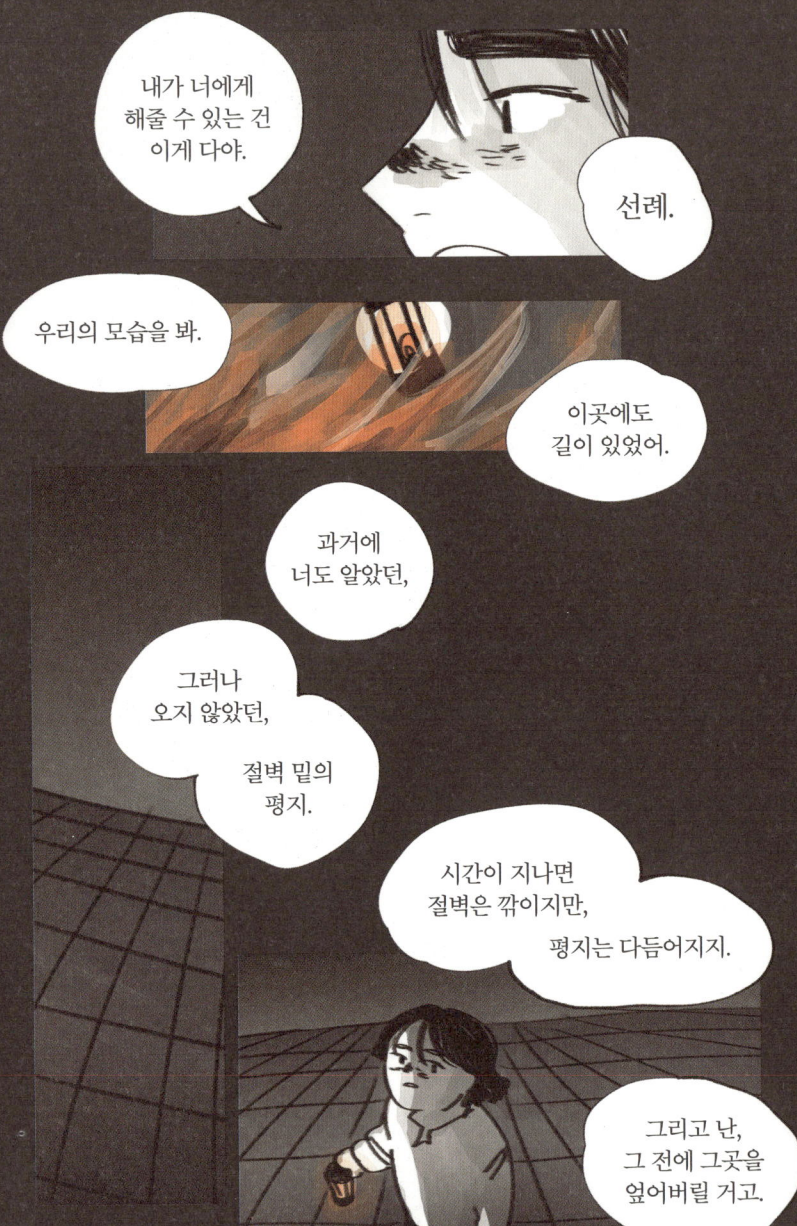

얼른 준비해. 또 추석에 우리만 늦게 생겼어.

일찍 출발해야지.

생각보다 안 막히네?

도도, 화장 안 했니?

? 응.

아니, 친척 다 모이는데….

가서 뭐라도 좀 발라.

~무시~

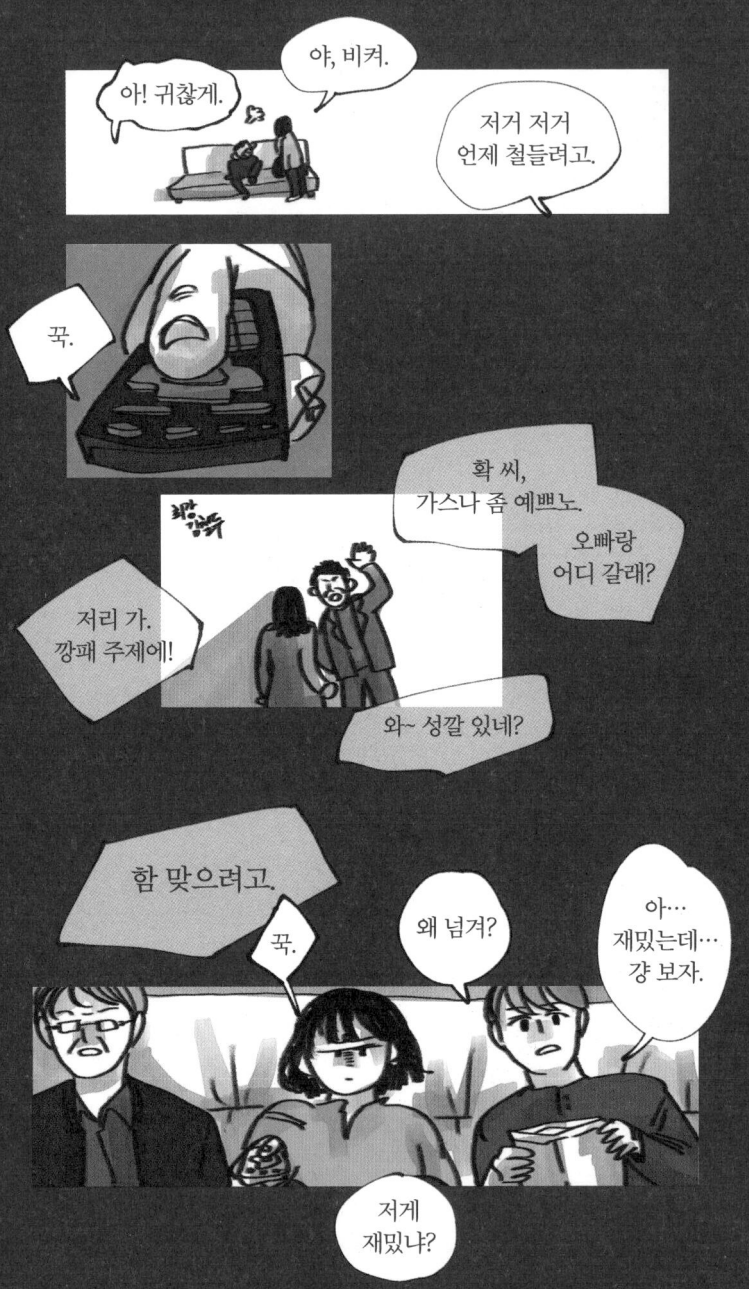

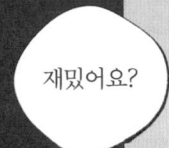

수혜자.

B의 일기 32과

사실 이때의 기억은

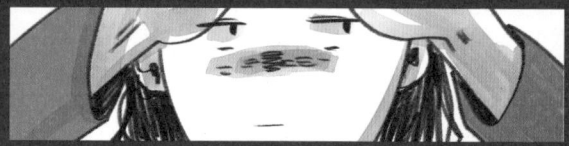

잘 남아 있지 않다.

자, 다음.

이제 절 다 했나?

"여자들 안 했어요!"

"여자들…? 무슨 여자가 앞에 나와서 절을 해?"

"맞아. 그냥 끝내."

결국

여자는 아무도 나서서 절을 하지 못할 것이다.

정작 여자가 없으면 음식도 못 차리는 주제에,

제사는 남자가 물려받는 것이라고 으름장을 놓을 테니까.

그다음엔 남자는 큰 식탁,

여자는 작은 식탁에 옹기종기 모여 밥을 먹겠지.

언제나 그랬고, 사람 또한 그대로니까.

"그러지 말고, 도도가 나와서 절해볼까?"

사실 그때의 기억은
잘 남아 있지 않다.

안개비처럼 서서히
온몸을 적시고

쌓인 해묵은 감정이

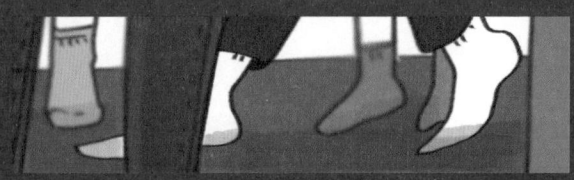

가장자리를
경고하며 차올라

넘치고
말았을 때,

솔직히 말해.

방금 버릇없는 조카 참교육했다고 생각하고 있지?

하지만 틀렸어, 방금은 '버릇없는 조카'를 향한 말이 아니었어.

겁도 없이 기어오르는 '계집애'를 향한 멸시였지.

젊은 여자가 따라주는 술이… 뭐?

삼촌. 나는 그 말에서

우리들의 침묵이 존재했지.

아~ 맞아.

아빠는 여자가 군말 없이 요리만 잘 하고 있으면 평화롭다 느꼈지?

내가 그 모든 순간을 참고 넘기기만 했다면, 오늘 또한 너희들에겐 단란한 하루였을 것이다.

당신이 제일 나쁜 놈이야.

누나!!

수많은 여자들이 참고 넘겼기에,

어떻게 감히 아빠한테

버릇없이 대들어!?

제정신이야??

"누나고 여자라고 봐줬더니…!"

그러니까 너희들이 불행한 오늘은.

"퍼억" "아악!!"

"…!"

"뭐? 봐줘?"

"아들!! 도운아!!"

나에겐 가장 괜찮은 날이다.

내가 가까스로 삼켰던 그 모든 순간들을

"그럼 나는 너에게 고맙다고 말하면 돼?"

"차별 대우 속에서 화초처럼 자란 게."

너희들은 늘 화목한 순간이라 불렀을 테니.

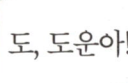

"도, 도운아!"

"아, 미친, 입…!"

나는 그때 직감했다.

이제 두 번 다시 모른 척 이 집에 있을 수 없을 것이다.

이게 마지막 기회라면,

그렇다면,

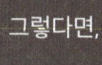

이 제정신 아닌…!

악!!

그 후로 많은 말이 오간 것 같은데,

누나가 차별을 언제 받았어?

피해망상 아니야?

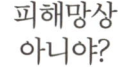

차별로 이득 본 네가

감히 판단해?

말했다시피, 기억나는 부분은 별로 없다.

떼잉, 쯔읏!

세상 말세다!!

너는 좀 그만 살고 죽어!!

쟤, 쟤 좀 봐!

술잔이 깨지는 소리와 함께

호들갑 떠는 사람들을 둘러보면서

어쩌면

나는 울었던가?

명절 때문에 힘들어 죽겠어ㅜ! 그런데 전화 왜 안 받아? 너도 전 부처?ㅎㅎㅠ 우리 가족 한복 맞춰 입은 거 볼래? 짱이뻐

발신인: 은이

!

…….

결국 아무도 이해하지 못하고

아무도 이해받지 못할 것이다.

서늘했던 새벽의 가을과 순간적으로 밀려오는 두려움,

이제 정말 돌아갈 수 없다는 막막함. 그리고

○○동 사거리 쪽으로 가주세요.

옅은 후회를 덮어버린 해방감.

우선 짐을 다 챙겨 오자.

사실 가끔

한국의 결혼과 가정에
아무런 이상이 없다고 믿고 싶을 때가 있어.

당연하게 끌려 나오는
여자의 희생 또한 말이지.

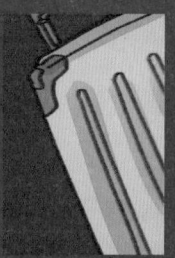

하지만 잊지 않으려고.

그게 정상이라면,
그 정상은 가짜다.

가부장제 사회에서 정상이란,
남성이 이득을 취하기에
정상이라는 거니까.

'도도. 나는 너를 도저히 이해할 수가 없어.'

'이해? 안 해도 돼.'

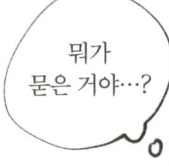 

'남의 이해는 필요없어.'

언젠가, 내가 하는 행동에
이름이 생길지,

생긴다면 어떤 명칭으로
불리게 될지
나는 아직 모르지만,

분명한 건,

나는 너희들이 싫어할
일만 골라 했다는 것이다.

내 여성성이 없어졌다고 우는
너희들이 가장 반발할 일을
했을 뿐이야.

그냥

그뿐이야.

잡힌 실마리.

그리고
그 희미한 예감을 따라
던진 돌멩이는

확신의 파문으로 돌아왔다.

나는 꾸미지 않았고,
예쁘지 않았다.

본래 내가
배제당했던 세계에
편입될 수 있었다.

그렇기에 나는
아이러니하게도

왜냐하면 나는 '여자'가 아니었고,

나는 도도씨가 편해~
요즘 여자들 같지
않아서 좋아~^^

2차 어때~?

? 아 예.

그들에게 여자는
같은 인간이 아니었으므로.

내 성별은
철저하게 대상화되었기에,

여성성에서 붕 뜬
존재가 된 나는

우습게도 고정관념에서
비교적 쉽게 벗어날 수 있었다.

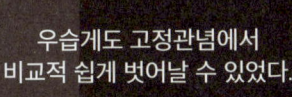

결코 완벽하지 않았지만.

가끔 그들은 멋대로 추앙했다가,

멋대로 깎아내리고,

멋대로 넘겨짚었다.

공통점은 그 어디에도 존중은 없다는 것이다.

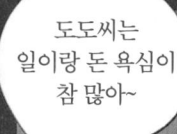

도도씨는 일이랑 돈 욕심이 참 많아~

주식 이번에 OO 거 샀다며? 혹시 집은 봐? 어디 많이 올랐던데.

아… 집은 잘 모릅니다.

아직 공부 중이라.

오~ 공부해요?

의외네? 도도씨 또래 여성분들은 다 결혼 준비로 바쁘던데.

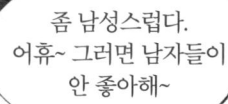

좀 남성스럽다. 어휴~ 그러면 남자들이 안 좋아해~

"너 왜 남자 따라 하니?"

내가 따라 했던 건 남자가 아니라,

대상화되지 않은, 이 사회에서 보다 오래 생존할 수 있는…

사람이었어.

"그쪽이 말하는 여자가 뭔지 들어나 봅시다."

"어이쿠, 하하. 농담이죠."

"기분 나빴어요? 죄송합니다. ^^"

"제가 입이 방정이라."

"어, 오셨어요?" "안녕하세요~!"

"회의 시작할까요?" "그다음에는…."

세상이 여성에게 바라는 것.

너희들이
그동안 봐왔던
여성이란
무엇이었는지,

나는,

정말 회식 안 가요?

네.

아쉽네. 잘 가요.

… ….

나는,

아.

그때가 되어서야
잔인할 만큼 명확하게
알 수 있었다.

기이한 의문이
쌓이고 쌓여

도도!

확신을 얻고
시간을 보내던
어느 날.

세상에,
너무 반갑다. 야!

갑자기
전화해서
놀랐을 텐데!

시간 내줘서
고마워.

이게
몇 년 만인지….

나는 몇 년의 공백을 지닌,

2011년이니까…

… 음 그렇게
오래는 아니야.

그래도,
나도 반가워.

너를 다시 만났다.

거리를 걸었어.

확실히… 요즘 애들은 다 예뻐.

우리 20대 때보다 더 예쁜 것 같아.

성형 광고가 번쩍이는 거리 아래에서

안 마른 여자애 찾는 게 더 어렵겠더라.

마치,

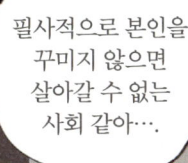

이게 뭐야??

정신이 나갔었지.

그냥 모른 척하면 될걸.

뭔가… 수상한데.

저건, 부적은 아닌 것 같은데.

무슨 호기심이 껍대가리를 상실해서

뭐지?

겁도 없이 남의 방을 뒤지고 다녔는지.

이것저것 구경하고 있었어.

그런데 거실로 나가면 안 돼? 어머님 아버님 다 계시는데….

수리야.

응?

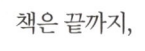

책은 끝까지,

잘 꽂아놔야지.

나 없으면 효도를 못 해?

효도하려고 결혼하는 것도 아니고 말이 참….

방에 있지. 왜 나왔어?

수리가 엄마 아빠 도와준다고~

어휴~~ 뭘~

아, 또 무슨 생각이람….

모두가, 내가 편해지려면 이런 생각 하면 안 돼.

마음을 비우고,

최대한
양보하고 맞춰야지.
어려운 거 아니잖아?

나도 엄마도
다 평화로울 수 있어.

내가 원하던
가정을 얻을 수도 있지.

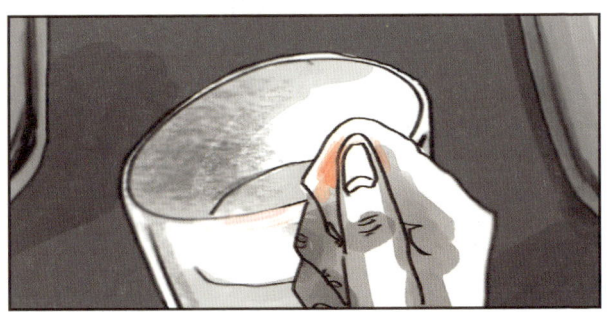

그러니 조금은
순종적일 필요도 있.

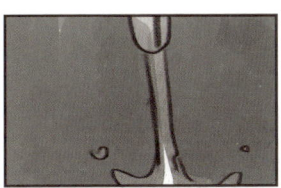

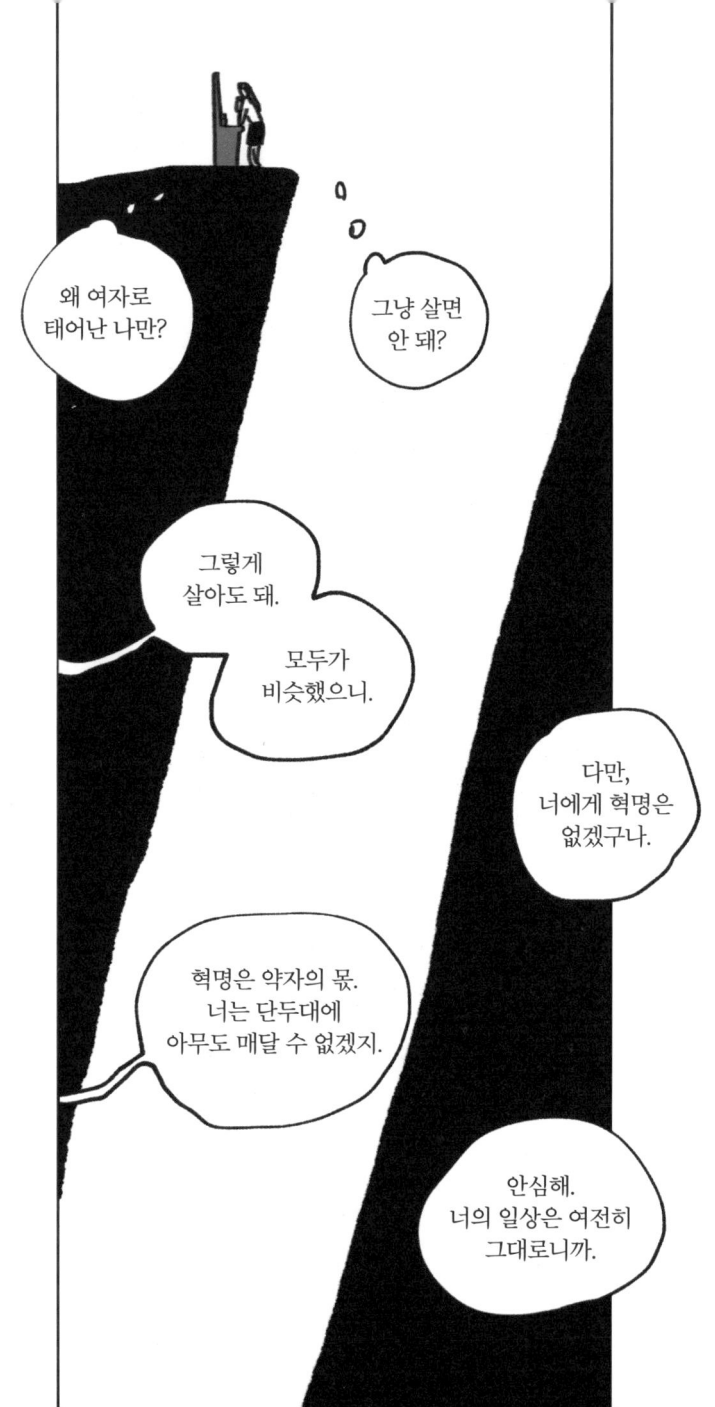

하지만 그래도 잘 살아갈 수 있어.

맞는 말이야.

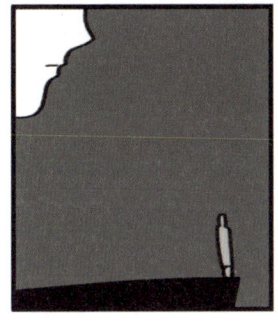

네 선택이야.

이해해.

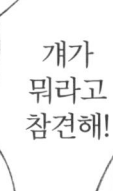

발신: 수리수리마수리

저번에 이거 보고 무슨 부적이라고 말하려다가 말았잖아요. 갑자기 물어보는 거 염치없는 거 아는데….
물어볼 사람이 달리 없어서.. 미안해요. 우리 엄마가 준 게 아닌 것 같아서..무슨 부적인지만 알려주면 안 돼요?.

이미지 첨부 1

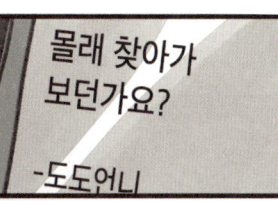

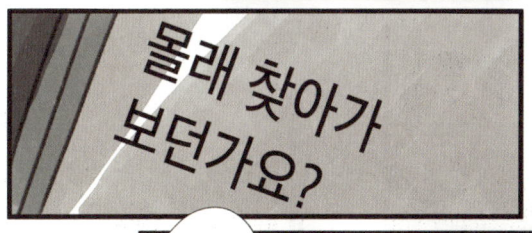

이제 어디로 가야 하나요?

이 안전한 평지를 딛고,

다시 올라가야죠.

설마 저 절벽 위로요?

그럴 리가요.

저희가 올라갈 곳은,

바로···.

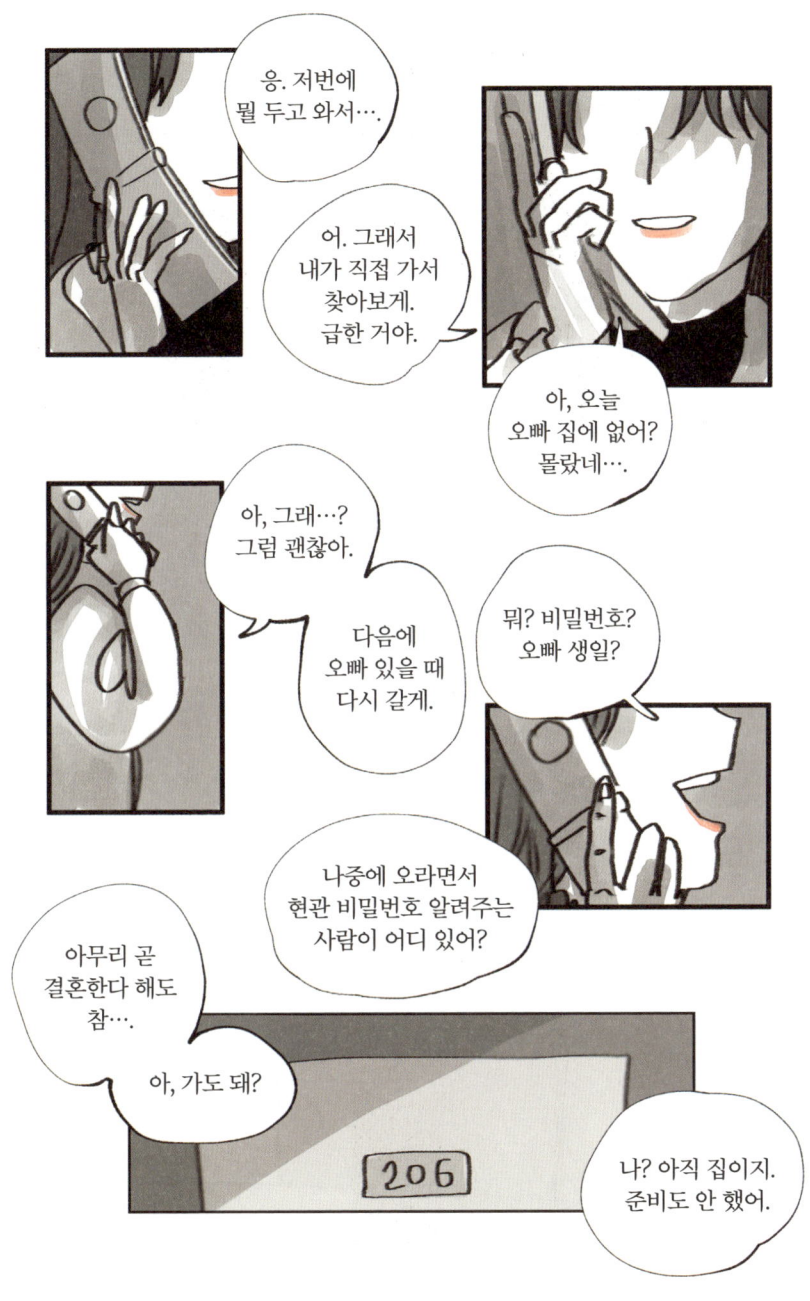

왜 그 생각을
못 했을까?

딸이 도망간 집안,
그 대우는,

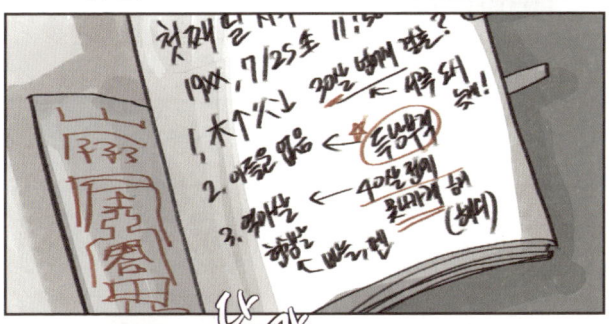

며느리에게도
비슷하게 내려온다는 걸.

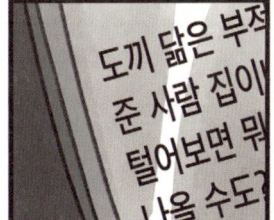

정답은 이미 알려주었다.

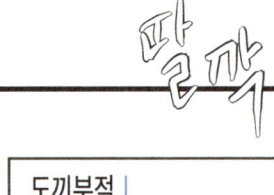

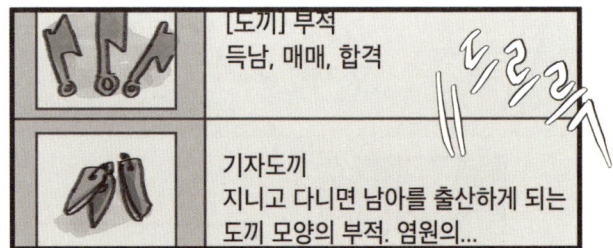

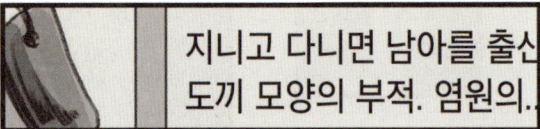

사실,

크게 놀랍지도
않았다.

몸에 지니고 다니거나 은밀한 장소에 두거
여자의 침구 속에 두기도 한다.

그저,

그 집에서 정말 그 빌어먹을 부적을 보냈다면,

분명 하나가 아니었을 거다.

믿어 의심치 않는 아들의 책장에도 덕지덕지 붙이는데,

생판 남인 며느리에게 붙은 부적이 과연 하나일까?

그리고
그 부적은 아마
전부

야,
야!!

그럼 또 뭐가 있지?

충격이지만 상대가 아빠이니 그럴 수 있을 거라 생각했다.

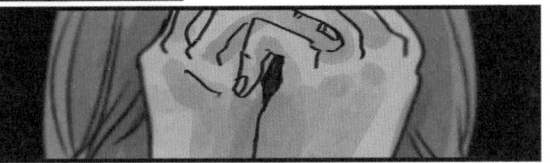

그럼에도 내가 절망하는 진짜 이유는,

대부분의 사람들은 심하다고 생각할지언정,

아들을 원하는 남자친구 가족의
행동 자체에서는
이상함을 느끼지
않을 것이기 때문이다.

'아내'가 이렇게 해서라도
자식을 탄생시켜야 하는 존재임을
모두가 묵과하기 때문이다.

정도가 과할지언정
본질은 사회적으로
이해받기 때문이다.

뭐, 뭐 하는 거야!

??

그걸 왜 챙겨!

… 마워.

뭐??

… ….

주제 파악하게
해줘서
고맙다고.

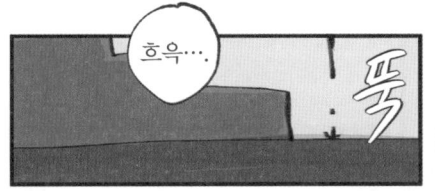

하지만,

그건 반대의 선택을
해도 똑같아.

우리의 인생 계획은
서른이 끝이지.

너무나도 자연스럽게
우리는 우리의 서른을 지워버렸고

지적하는 사람은 아무도 없었어.

당신 말고는.
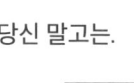

봄이 다가오는
2월 말.

결혼하기 좋다는 초봄,

아,

무서워.

웃지 않는 사람들.

위협적인 표정.

난….

옆을 보지 말라고?
알았어.

응.
다른 여자가 하는 말
들을 필요 없어.
다 질투야.

식탁 위에서
떨어지는 사람을
받아줄 수 있는 사람은,

의자에 앉은 사람뿐이야.

그러니까 나는…

실패했어. 실패야.

이런 절벽에서
어떻게 떨어져?
죽으란 거야?

역시…
돌아가는 수 밖에는…

"우선,

의자에
앉고 하세요."

"편하게 준비하려면
저 의자에 앉아서 해요."

"이 책 제목이요?
이게….."

"나에게도
의자를 주십시오.

내가 의자에 앉지
못하는 이유가 오직
'여성'이기 때문이라는

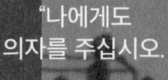

당신들의 주장은
불합리합니다."

난 당신을 의자 옆에 놓아줄 거야.

나에게 필요한 건 로맨스를 위한 구원자가 아닌,

…… .

…

하지만 도도, 당신도…

결국 의자에 앉아 있잖아요.

연대를 위한 동료.

나를 지켜보고 평가하는 위치에 속해 있는 게 아닌가요?

음~ 좋은 지적인데~!

우선… 아니에요.

일단 나는 누구도 접시 위에 올리지 않아요.

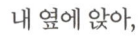

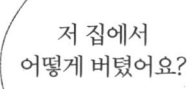

세상을 가르는 가장 큰 대척점

성별.

상관없다고 하기에는
너무나도 큰 차별을 두고

대우를 달리하는
거대한 구덩이.

차별의 존재가 끔찍해
외면하는 건 여성이고.

차별이 들키지 않았으면 해서
침묵하는 건 남성이기에,

결국 아무도 지적하지 못했던
뿌리 깊은 찌꺼기.

그러나 수는 던져졌고
감춰졌던 길은 드러났다.

이제 나에겐
명심해야 할 것이 있다.

나의 주체성을
잃지 않을 것.

갈림길을 두고 남에게
'허락'을 받지 말 것.

나를 함부로 재단하는 자들의 기대를

오빠가 나와의 결혼을 위해 하는 건,

포기나 희생이 아니야.

투자지.

그것도 자신을 빛내주고 더 안락한 삶과 노후를 보장해줄 가정부를,

사랑이란 이름 아래 무상으로 들이기 위한 투자.

잘 생각해봐.

얻는 게 압도적으로 많은데,

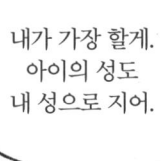

결혼을 하지 않아 오빠가 직장을 그만두지 않았다면,

그 카드는 원래 오빠의 것이겠지만,

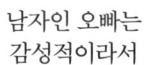

남자인 오빠는 감성적이라서

현실적인 경력보다 사랑과 이상을 중요하게 여기는 걸 어쩌겠어?

내가 아이를 조금 봐주면 가정적인 엄마가 되겠지만,

오빠가 아이에게서 조금 한눈을 판다면 모진 아빠가 될걸.

뒤늦게나마 뭔가를 시도하려고 했을 땐,

이미 늦었다는 말을 사방에서 질리도록 들을 거야.

이래도 좋아?

이 순간을
잊을 날이 올까?

나는 강한 사람이 아니야.

하지만

그 대신, 난 거리를 내는
방법을 배울 것이다.

내 마음 멀리
검은 덩어리를 밀어 넣고,

멀리 떨어져서 관조하는
방법을 배울 거야.

그 아픈 덩어리가
지금의 나에겐 치명적이지
않다는 사실을 기억하고,

어! 지금 레레
건강검진 때문에
병원 가는데!

더 이상 상처를 낼 수 없다는 걸 상기하며,

비행기
타야 해서….

지금의 내가 강하지는 않아도,

멈추지 않는 사람임을
끝없이 생각할 것이다.

나도 할래요.

저놈들이
싫어할 짓….

그래,
당신 같은 삶.

엄마가 엄마 삶을 살았듯이,

나도 내 최선의 삶을 살게.

사는 곳과, 시간과

자라온…

과거의 최선은,

지금의 최선이 아니게 되었으므로.

… 환경이 달라.

나 결혼 안 할게.

시간은 빠르게 지나갔다.

그래봤자 며칠이지만.

아빠는
금방 퇴원했지만,

이틀째 방 밖으로
나오지 않았다.

무슨 바람이 불었는지

잘 모르겠지만,

아무런 이유 없이

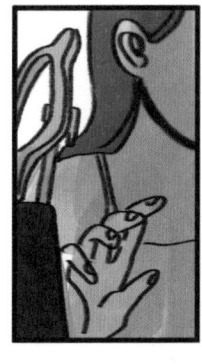

그래야 할 것 같아서

그러고 싶어서

어느날 갑자기 나는….

그러고 보니
난 아직 당신에게
성의 표시를 한 적이
없는 것 같아.

하지만
시간은 많잖아?

늘 옆에
같이 있을 거고.

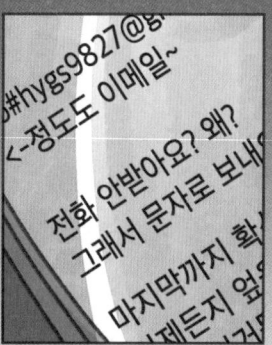

그러니까
천천히….

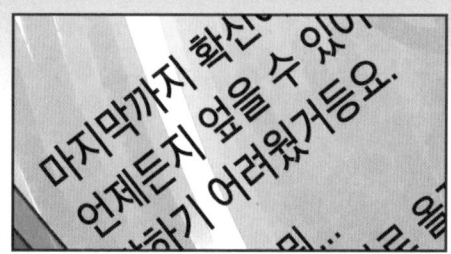

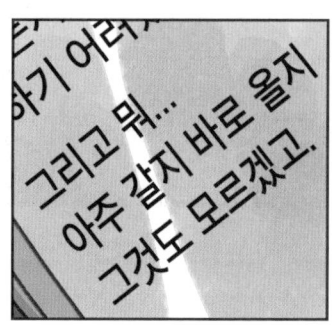

난 아직

아무것도 못 했는데.

만약, 운명을 발견하면 어떡해요?

정말 사랑해서 결혼하고 싶은 사람이 생기면?

뭐야, 머야~

그런 거 믿어요? 100년 놀림감인데 이거!

뭐어, 그때 결혼하등가~

근데 그걸 보통 세간에선 콩깍지라 하지 않나?

아니, 저 말고.

사람과 만나고
교류하는
바람직한 태도는

사실 정해져 있다.

우선, 우리는

각자의 세계를 완성시켜야 해.

그리고

각자의 세계를 채운
변함없을 것들을
끌어안고

버스를 타.

그대로 만나고 싶은 사람의
옆자리에 앉는 거야.

그리고 손을 잡아.

버스가 흔들려도
넘어지지 않게.

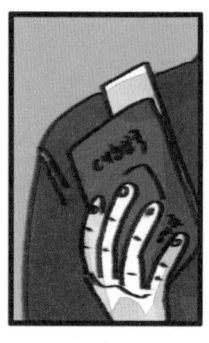

품에 안은 소중한 것들이
깨지지 않았나,

가끔 서로 격려도
위로도 해주면서.

버스가 목적지에
도착할 때까지.

이때 우리는 각자의 세계를
안고 있어야 해.

서로를 안으면 안 돼.

버스는
언젠가 멈출 거고,

그러면 우리는
각자 두 발로 걸어야 할 텐데

그때 세계를
잃으면 안 되잖아?

기묘한 사람.

놀랍지.

당신의 굳건함에
그 누구도 아닌
내가 변했다는 게.

하지만,

내, 내가 할 수 있을까?

당신은 갔어.
가버렸어.

난 한국에 홀로 남았지.

내가 혼자 잘 살 수 있을까?
이해해주는 사람 한 명 없는 이곳에서?

어쩜 사람이
저렇게 단단하지?

나는,
난 아냐.

난….

우린 일등이
될 수 없었던 사람들이다.

갑이 아닌 을.

우선이 아닌 차선,

반장이 아닌
부반장.

중앙이 아닌 옆.

아… 네.

ㅋㅋㅋ 백로아 너 넘어짐?

놀려? 죽을래?

그런데 저 사람…
머리가 짧아서
남자인 줄 알았는데
여자다?

이상해….
왜 안 꾸몄지?

첫 번째가 아닌 두 번째.

A가 아닌 B.

이건 언제나 뒤로 물러났던
사람들의 서사.

언제나 두 번째로
살아야 했던 나의 기록.

'꾸미면 귀여울 텐데, 왜 안 꾸몄지?'

… … …

B의 일기.

미리 말
못한 거 미안해요.
하지만 용서 안 하면
뭐 어쩔 거야?
농담이구 ^^;

사실 오래전부터
떠나는 걸
준비하고 있었어요.

다만 언제나
엎어질 수 있는 계획이라
생각했는데… 떠나게 됐네요!
아무튼.

당신이 행복했으면
좋겠어요.

그러나 그 행복이
마지못해 얻는 행복이
아니었으면 해요.

혼자 산다고
다 같은 건 아니지만,
나 같은 삶도 있다는 걸
이제 잘 알겠죠?

그러니까 본인 삶도
의심하지 말라고요.
어차피 굴러갈 거,
뭐 어때.

누군가 그러더군요.

너의 삶에는 사랑이 없으니
건조하게 살다가 고독사 할 거라고.

참나 저주인가?

하지만 글쎄요?

나는 결혼을
하지 않고,

식탁 위에 남아 있길
거부함으로써,

나름의 시간과
여유를 얻었고,

그로 인해 더 많은 것을
사랑할 기회를 가졌어요.

나의 선택에는
한 치의 후회도,
미련도 없어요.

나는 마지막 순간까지
내가 아끼던 크고 작은 것들에
둘러싸여 있겠죠.

물론~ 힘들다고
느낄 때는 있겠죠.

하지만 그 원인은
내가 홀로 살아가서가
아님을 이젠 압니다.

수만 갈래로 나누어진 선택지 중
난 언제나 최선을 택했고,
당신을 만났죠.

좋은 만남이었다고
생각해요.

당신은요?

... ...

...   좋아요.

그러니, 이제 우리는
이대로 스쳐 지나가

각자의 길을
걸어갈 거예요.

당신이 나를
만난 이 순간이

손해만,

아니었기를
바랍니다.

내가 이 문자를
보고 있을 당신에게
바라는 건 큰 게 아니에요.

억울한 상황을 겪어도
스스로 낮게 보지 말 것.

좋은 노래를 듣고
맛있는 것을 먹으며 기분 풀 것.

웃음도, 울음도 참지 말 것.

당신은 생각보다
대단한 사람이라는 것을 기억할 것.

안전할 것.

행복할 것.

나아갈 것.

〈B의 일기〉를
사랑해주셔서 감사합니다.

| 외전 1 | 너 변했구나 |
| 외전 2 | 아주 짧은 근황 |

외전 1 너 변했구나

#

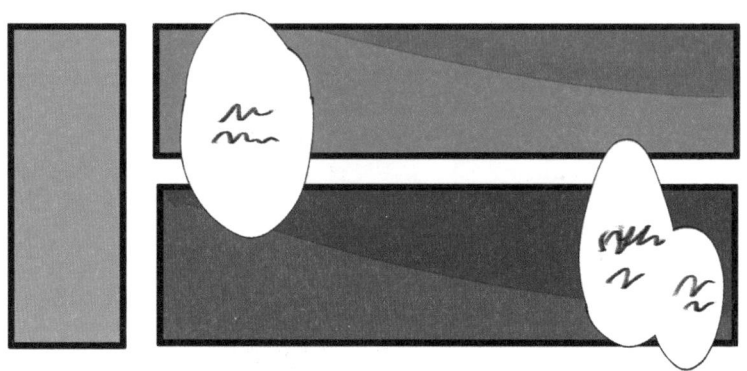

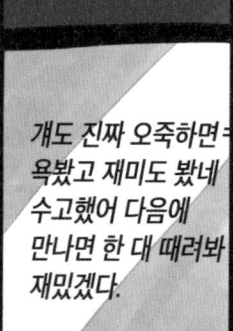

시간이 많이 지났어 도도.

외전 2 아주 짧은 근황

현실은,

얼굴 봤으니까 각자 할 일 하러….

그래도 여전해서 어색하진 않았던 것 같아요.

아닌가? 달라졌나? 성격이 바뀐 것 같기도 하고….

눈이다!

또 한 살을 더 먹었네요.

벌써 40대 중후반을 향해 달려가고 있어요.

나는 별것 아니고 일상적이기에 평생 사랑할 수 있는 것을 사랑하는 사람.

혼자 외롭게 살다  죽을게!

마지막까지 사랑하던
크고 작은 것에
둘러싸일 사람.

모두의 선례.

먹빛의
파도 속에서

등대가 될
우리들.

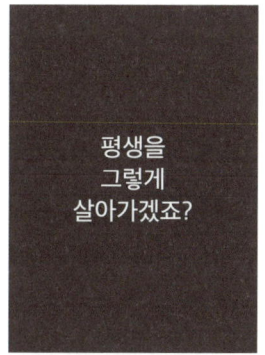

에필로그

〈B의 일기〉 연재를 마친 뒤 가끔 메일로 감사 인사를 받는다.

말주변이 없어 메일을 받으며 느낀 감정을 잘 표현할 수 없지만,
그분들은 만화 〈B의 일기〉가 자신의 삶과 똑같다고 하셨다.
만화의 모든 장면이 과거의 자신을 붙잡아 세우는 것 같았다고.

그때 참지 않아도 괜찮았다고,
네가 억울하고 슬펐던 건 당연한 거였다고,
이상한 건 네가 아니라 저들이라고
대신 소리쳐 외쳐주는 것 같았다고 하셨다.

그때는 주위에 '도도'가 없었지만
지금은 사회의 수많은 '도도들'을 알 수 있다며,
이러한 변화를 체감할 수 있어 기뻤다고.
그렇기에 이 만화를 지금이라도 읽을 수 있어 감사하다고 하셨다.

그리고 나는 직접 그런 말을 해주신 것에 감사했다.

지금은 알지만, 몰라야 했던 순간들이 있다.
누구를 탓하기에는 지나치게 이해심이 많아야 했던 우리는
'정상' 안에 머물기 위해 최선을 다했다.
그렇다.
우리는 최선을 다했다.

그렇게 과거에 겪고 듣고 공감했던 시간들을 하나둘 끄집어내
만화로 엮었다.
생각보다 많은 호응과 공감에 기쁘고, 씁쓸하고 또 감사하다.

이 글을 읽는 많은 여자들이 내일 더 행복했으면 좋겠다.